愛沢えみりの
“一生可愛く、好きなことして
自分らしく楽しく生きる!”

# 45のマイルール

/ 愛沢えみり /
Emiri Aizawa

# はじめに

今年の3月にキャバ嬢を引退してから、あっという間に8カ月ほどが経ちました。引退してからも休まず仕事を続けているせいか、時間が経つのが本当に早く感じます。

引退後は、これまでも続けてきたエミリアウィズの仕事や「フォーティーファイブ」のプロデュースに加え、何年も前から携わりたいと思っていた美容関係の仕事も本格的にスタートしました。6月にはプロデュースさせてもらった美容クリニックが新宿にオープン、今は2つ目となる銀座のクリニックのプロデュースもしています。

さらに、話すことが苦手だった私が自分のユーチューブチャンネルを持ち、私の部屋やリアルな1日を紹介したり、インスタグラムやツイッターで募集した質

# Preface

## はじめに

問について楽しみながらお話ししたりもしています。

　インスタグラムの質問箱は定期的に設置するのですが、そこにはたくさんの質問が寄せられます。特に最近は美容についての質問がすごく多いです。本当は全部に答えたい気持ちでいっぱいです。しかし「もっと書きたい！」と思っても、文字数制限などで満足いくような答えが書けない時もあります。そのため以前からもっとたくさんの質問に答えられる方法はないかとずっと考えていました。

　そこで今回、新しい本の企画をいただいた時に「美容のことを中心に、自分らしい言葉で書ける本はどうでしょうか」と提案しました。


　美容といっても、この本ではメイクやヘア、ダイエットについて具体的なハウツーは書いていません。メイクなどはユーチューブや雑誌でも紹介していますし、私自身、本に書けるほどメイクを研究しているわけではないからです。

　キャバ嬢を引退してからは仕事のために夜に映えるメイクをする必要がなくなったので、どんどん薄くなっているくらいです。

そこで本書では、美容を中心に私が本当に実践していることや考えていることを4つのＣｈａｐｔｅｒに分け45の「マイルール」という形にしてみました。45という数字は大好きな「フォーティーファイブ」にちなんだものです。

Ｃｈａｐｔｅｒ1は「魅力的な女性になるための美容のルール」です。「きれいになること」を重要視するのは、外見至上主義になるという意味ではありません。私は以前から「仕事と美容を頑張れば他は後からついてくる」と考えていました。そこで、今回は具体的なメイクのハウツーではなく、美容に力を入れることには外見を美しくする以上に大切な、たくさんの意味があるということを伝えたいと思っています。

Ｃｈａｐｔｅｒ2は「好きなことを仕事にして生きていくためのルール」についてまとめました。昼と夜、どちらの世界も経験して私なりに感じたり考えたりしたことから得たルールを書いています。

Ｃｈａｐｔｅｒ3は「恋愛のルール」です。正直、私はみなさんが思っているほど経験豊富ではないので（笑）、参考になるか不安も多いのですが、大切にしていることを書いています。

Ｃｈａｐｔｅｒ４は「ストレスフリーでｈａｐｐｙな人間関係を作るためのルール」。プライベートな人間関係から仕事がらみの人間関係まで、いろいろな関係性の中のルールを書いてみました。

また本文は読みやすさ、スッと頭に入ってくるような文章にもこだわり、普段私がしゃべっているようなイメージで書いてみました。本になると、どうしても表現や口調が少しかたい感じになってしまいます。それをもう少し気軽に読めるようにしたくて、話し言葉も交えて私らしさを出してみました。

さらに、持っているだけでもテンションが上がるような本にしたくて、全体を通したデザインも、カラフルで可愛くすることに力を入れました。

もちろん、私のルールが本書を手に取ってくださったすべての方に当てはまるとは限らないかもしれません。ですが、何かひとつでも、読んでくださった方にとってお役に立つことがあれば幸いです。

この本を手に取ってくださったみなさんが毎日笑顔で可愛くｈａｐｐｙに過ごせますように♡

# Contents

Contents

目次

Chapter 02

# 好きなことを仕事にして生きていくためのルール

Chapter 03

恋愛のルール

Contents

目次

Chapter 04

## ストレスフリーでhappyな人間関係を作るためのルール

## Staff

ブックデザイン／藤崎キョーコ

編集協力／春見優香　髙橋裕美

校正／鴎来堂

# Chapter 01

# 魅力的な
# 女性になるための
# 美容のルール

Rule 1

# 美容には見た目がきれいになる以上に大きな力がある

# 「きれいになる努力」を続ければ、「仕事」も「恋」もあとからついてくる！

仕事や恋愛など、毎日を生きる中でいろいろな悩みが出てきますよね。私自身も悩むことはたくさんあるし、ＳＮＳでも毎日たくさんの質問や相談を受けています。

人それぞれいろいろな悩みがあるので、解決するために何をしたらいいかというのは状況や相手によって変わってきます。だから誰のどんな悩みもなくなる「答え」はないと思います。

でも悩みを抱えている自分から、ちょっとでも「なりたい自分」に近づいていけば、自分の気持ちが変わるし、それによって自然と相手の態度も変わったりする。そうやって解決していくこともたくさんあります。もちろん何をしたらいいのかわからなくて、立ち止まってしまいそうになることもあるけれど、それでは何も変わらないと思います。

いざ「何か始めよう！」と思った時には、私はまず「美容」を頑張るのがいいんじゃないかなと思っています。仕事も恋愛も、きれいになることがきっかけになってうまく回り出すことって、すごく多いんです。これは自分で実感したことでもありますが、周りの子たちや成功している方たちを見ても、美容を頑張ると、いいことがたくさんあると感じました。

でも「はじめに」にも書きましたが「外見至上主義」というわけではないです。ここは本当に正しく伝わってほしいし、誤解してほしくない。これがすごく伝わりにくくて誤解されることも多いから、きちんと選び抜いた自分の言葉で伝えたいと思っていますし、それがこの本のテーマのひとつでもあります。

日本は特に「きれいなほうがいい」ということをよくないこととして捉える国だと思います。美容を頑張っている人のことを、「オシャレばっかりして仕事してない」とか「見ためで仕事を取ってきてる」なんて言う人もいます。

海外には、きれいになることが自分の人生をよくするためのひとつの手段だということを親が教えたり、率先して協力してくれる国もあります。でも日本は、まだまだ「見た目にこだわる暇があるなら、その分がむしゃらに頑張ればいい」という考え方が根強いのではないでしょうか。

ですが、見た目をきれいにしたほうが何でもうまくいきやすいのは事実です。こういうことを言うと、「男女不平等だ」とか、「可愛くない人をバカにしてる」と言われることもあります。でも私はあえて、ここでハッキリ書きます。日本では友達も家族も、なかなか言ってくれないと思うからです。

きれいなほうがいいというのは誰でも本当はわかっていることだと思います。私はちゃんとそこに向き合うことが大事だと考えています。誰だってどんな人だって、頑張れば今より千倍はきれいになれることを知っているからです。

もちろん「みんなで整形して憧れのモデルさんの顔に近づこう」と言っているわけではありません。それぞれが自分に合った、自分の目標に合った美容を頑張ることが大事だと言いたいのです。「とにかくクリニックに行かなきゃ」と思って、

「でも怖いからやっぱり行かない」で終わってしまう人も多いけれど、それは自分が「どうしてきれいになりたいか」というのに向き合っていない証拠。クリニックに行ったほうがいい人も、そうじゃなくて自分でできる美容にこだわってやったほうがいい人もいるのに、みんな同じことをすればいいと考えるのは間違いです。

よく「きれいになるためにまず、何をやればいいですか？」と聞かれるのですが、人それぞれ違うので私には答えられません。すべての悩みを解決するひとつの答えがないのと同じで、人それぞれにやるべき美容があるからです。ただひとつ言えるのは、きれいになったほうが絶対に得なことがいっぱいあるということです。

だから、まずは自分が「どうしてきれいになりたいか」をよく考えることが大切になってきます。なんとなく「きれいになりたい」と思ってきれいになっても、それはただの自己満足です。そうではなくて、「きれいになること＝自分の仕事やプライベートをよくすること」を目指すのです。

「仕事が忙しい」「そこまで美容にかけるお金がない」という人もいるかもしれませんが、自分にできる範囲で頑張れることは、たくさんあるはずです。逆に「きれいにしていたけど意味がなかったからやめる」という人には会ったことがありません。どんな人でも絶対にきれいになったほうが得。「きれいにならなきゃもったいない」と思います。

「どうしてきれいになりたいか」を考えていけば、「きれいになるために自分が何をすればいいか」というのも自然とわかってくるはずです。例えば「彼にもっと大切にされたい」とか「取引先の人にいい印象を与えたい」とか。自分の目標によって、やるべきことも変わってきます。「何から始めたらいいかわからない」と諦めてはダメです！「どうしてきれいになりたいか」を考えることは自分を見つめ直すことにもなるし、本当の意味での美容のスタート。自分を変えていくためにとても大切なことだと思います。

逆に自分の目指すものに合った美容をしないと、いくら頑張ってもオフィスで浮いてしまったり「あの子、整形したね」なんて陰口を言われるだけで、まったく意味がなくなってしまうと思います。せっかく頑張ってもいい方向に進めなかったら、それはすごく悲しいことですよね。

だから、まずはしっかりと「どうして自分はきれいになりたいのか」を考えてみることです。しっかり自分の目標を決めて、それに合った美容を頑張れば絶対にきれいになれるし、仕事も恋もうまくいくようになります！

# Rule 2

可愛くなることは、
いろいろなことが
うまくいく
きっかけになる

# 「きれい」を諦めたらもったいない！
# 気分転換の美容で仕事もうまくいく♡

「きれいになったら、いろいろなことがうまくいくようになる」とここまで何度も書いてきました。私は「どうせきれいになんてなれない」と諦めてしまったり、「出会いもないし、別にきれいじゃなくたっていいんです」と言っている人たちにこそ、きれいになってほしいと思っています。私自身これまで、きれいになったことで、人生が輝き出した女の子たちをいっぱい見てきたからです。

ウチの会社に仕事はすごくできるのですが「私には仕事があるから、外見とかはもうどうでもいいんです」と、美容もファッションもまったく気にしない生活をしている子がいました。その子とはもともと友達だったから「絶対にきれいになったほうがいいよ」と何度も言っていました。それでも「別にいいよ、出会いもないし」と言うばかりだったのですが、私がずっと言い続けていたら、だんだん彼女もきれいになる努力を始めました。そうしたら、本人もだんだんと楽しくなってきたようで「お酒を控えよう」とか「タバコも今だったらやめられる！」「歯を矯正しよう」と自分からどんどんやり始めたのです。その結果一緒に仕事をしていても、あまりイライラすることもなくなっていったなと思います。もともと仕事はよくできる子でしたが、それまで以上に生き生き仕事をするようになりました。

もうひとり、私の周りですごく変わったと思うのは、私がプロデュースしているクリニック「VENUS BEAUTY CLINIC」の受付の女の子。その子も美容を仕事にしてから、どんどんきれいになってきて、お客様にも「可愛いですね」と言ってもらえるようになりました。その結果、どんどんモチベーションが上がって、人との話し方や接し方が前とはガラリと変わり、生き生き働いてくれるようになりました。本当に、きれいになるといいことしかないなと思います。

ふたりとも、もともと仕事はできたのですが、美容を頑張ったことで、仕事に対する姿勢や取り組み方も変わっていったと思います。美容は目に見えて結果がわかるものなので、それによって自分の気持ちが変わっていくからだと思います。

そして、他の人からも「きれいになったね」と言ってもらう機会が増えて、どんどん生き生きできたのです。

でもそんなふうにすごく結果が出やすいからこそ、ちゃんと意味のあるものにするために、「どうしてきれいになりたいのか」ということをじっくり考える必要があります。「美容を頑張る」こと自体は、もっと気楽に、当たり前の選択肢のひとつとして考えてもいいんじゃないかなとも思います。美容を頑張ることで仕事がうまくいくのは、もしかしたら美容がひとつの気分転換にもなるからなのかなと思います。

仕事をしていく中で、嫌なことやうまくいかないことはたくさんあると思います。でも「気持ちの切り替え方がわからない」と悩んでいる人には、「美容」っていう切り替え方もあることを知ってほしいです。

誰でもうまくいかないとき、何かしら気分転換をしますよね。コーヒーを飲んだり、外の空気を吸いに行ったり。気分の変え方は人それぞれあると思うのですが、切り替えのためにできることのひとつとして「美容を頑張る」という選択肢があってもいいと思います。

しかもそれをすることで、自分の気持ちのあり方も周りの態度も変わる。仕事と美容ってなかなか結び付かないものかもしれませんが、かけ離れているようで実はすごくつながっていると思うんです。

# Rule 3

# 「自分らしい可愛さは何か」を考える

# 「自分に合ったきれい」をしっかり考えて

「きれいになりたい！」と思った時に、もしもクリニックに行って施術をしたいと考えたなら……実際に行ってみる前に、ひとつ大切なことがあります。それは「自分に合ったキレイ」が何かというのを真剣に考えることです。

自分に何が必要なのか、よくわからないままクリニックに行って失敗した子たちのことも、私はいっぱい見てきました。整形が当たり前みたいになった夜の世界には、何回整形を繰り返しても満足できなくて終わりが見えなくなっている子もたくさんいます。

「目を大きくしたい」とか、自分の顔の嫌いなパーツだけを見て直そうとして、結果的に顔全体のバランスが崩れてしまった子もいました。バランスを見ることは特に大事です。例えばエラが気になるから削ったら、実はエラがあることでバランスが取れていたのに、取ったことで他のパーツが変に目立ってしまったという子もいました。

「なんであのホクロ取っちゃったの？」「八重歯可愛いかったのに」と、チャームポイントだったのにもったいないと感じることもありました。自分では気になるのかもしれないけれど、実はそのパーツが親しみやすい雰囲気を作っていたり、いい印象を作っていた可能性もあったのに……。自分の分析が足りていなかっただけで、すごく損をしてしまうなんて悲しいですよね。


あとは、自分の置かれている状況や、周りにいる人たちからどう見られるのか？ということもしっかり見極めて、どんな施術をするか考えることが大事です。例えば美人の女性弁護士さんがいたら「すごく仕事もできてきれいで素敵」と思われるはずですが、あまりにも派手な顔にしすぎたら「本当にちゃんと弁護できるの？」なんて思われてしまうかもしれません。

夜の世界の場合は、ダウンタイムの必要な手術をして少し長めに仕事を休んでも、それによって売上が上がれば「きれいになってよかったね」となりますが、普通に会社勤めの場合は、「そんなことで休むなんて非常識だ！」と怒られるかもしれません。「きれいになるのが仕事のためでもある」ということがまだ世間からそんなには認められてない現実や空気を読むこともすごく大事なことです。

でも、実際にどこをどうすれば自分らしくきれいになれるかは、自分ではよくわからないところもありますよね。そういう時は、クリニックの先生にどんどん聞いてみるべきだと思います。実際、もっとよくしたいと思っていることが、本当は必要なかったり「不自然な感じになるからやめたほうがいい」という先生も多かったりするので、悩まないで専門家に聞くのが一番です。よくわからないなら「こういう手術がしたいです」ではなくて、「こうなりたいんですけど、私の場合は何をすればいいですか？」と聞いてみることが大事だと思います。

クリニックに行くのが怖い人も多いと思います。また「お医者様」や「病院」に対して畏縮してしまったりして、「こんなこと聞いたらおかしいかな」と気にしてしまう人もいるかもしれませんが、気にしなくて大丈夫です。自分でお金を払っているのだから、遠慮しなくていいと思います。先生もみんな親身になって話を聞いてくれるし、もしもクリニックで嫌だなと思うことがあったなら、もうそこに行くのはやめて、別のところに変えちゃえばいいんです。

自分でクリニックのプロデュースをしているのにこんなことを言うのは変かもしれませんが、それくらいの気持ちで行って大丈夫。ちゃんと自分に合った、自分に必要なことだけをすればいいのです。自分がきれいになるためにやっているんだってことを、忘れてはいけないと思います。

# Rule 4

# 美容と仕事を頑張ると、恋愛も自然とうまくいく

# 美容を頑張れば、変な執着から解放される

美容と仕事を頑張っていると、恋愛とか他のこともうまくいくケースって多いんじゃないかなと思っています。例えば「きれいになったら彼氏が優しくなった」とか「片思いの相手が振り向いてくれた」とか。こういう経験をしたことがある人もいるのではないでしょうか。男の人ってすごくわかりやすいので（笑）。でも、それはきれいになったからだけじゃなくて、そのために女の子が頑張ったことで、気持ちに余裕が生まれたからだと思います。

例えば美容も仕事も一生懸命に頑張っていたら、彼氏のＳＮＳに張りついて一日中チェックして勝手に悩んだり、変な妄想をして病む時間なんてなくなりますよね。逆に、変なことに執着してパワーを使ってしまうとメンタル的にもよくないし、どんどんネガティブになっていく気がします。

なかには元カノの写真をあえて見ることで、嫉妬を原動力にして頑張れる人も

いますよね。それはそれでアリだと思いますが、でも絶対に、うじうじ悩むようなことではないと思います。

実際、美容を一生懸命頑張ってきれいになると生活が充実してきます。そうすると根本的な考え方が変わってくると思うんです。男の人に尽くすタイプの女の子も「そんなことするくらいなら自分のために時間もお金も使おう」という考えになっていくと思います。そうやって心に余裕が出てきて、執着していたことから解放されると、逆に彼から追いかけられるようになります。

カップルの人や結婚している人も、パートナーがきれいになったら前よりもっと大切にするはず。男の人って「きれいになりたいと思う気持ち」＝「俺のことを好きな気持ち」みたいに思っているんじゃないかなと感じます。

本当は自分のために頑張っているんだけど、結果そういうふうに思ってもらえるなら、やっぱりいいことしかないですよね。美容は、思っている以上にすごい力を持ってると思います。

# Rule 5

# 「きれい」と「可愛い」の両方を持っている女性を目指す

# 理想は大大大好きな アンジェラベイビーちゃん♡

アンジェラベイビーちゃんが大大大大好きです♡　見た目も本当にきれいですが、性格的にはおちゃめだったりしてすごく可愛いんです。ユーチューブもずっと見ていられます。

前に中国のドッキリ番組に出ているのを見たことがあるのですが、リアクションがすっごく可愛くて（笑）。「こんな可愛い一面もあるんだ！」とますます好きになりました。見た目はお人形みたいなのに、キャラは可愛くて親しみやすいというのは私の理想なんです。やっぱり、見た目がきれいなだけでは可愛いと思えません。見た目と中身、両方が魅力的で初めて「可愛い」「きれい」だと思います。

キャバ嬢の時はテレビを観ることがほとんどありませんでしたが、最近観るようになりました。石原さとみさんがすごく可愛いと思います。あと、昔から沢尻エリカさんも好きです。SNSでもきれいな人や可愛い子を見るのが大好きです♡

# Rule 6

# 髪のケアは「自分で毎日できること」をやる

# 毎日のルーティンは頑張りすぎないケア

髪に関しては定期的にヘアサロンでトリートメントをしているし、髪色が明るい時は根元がプリンにならないように気をつけています。肌は鏡で見ればわかるけれど、髪は自分よりも他人からのほうがよく見えるもの。だから、定期的にサロンでトリートメントをしたり、プロの手を借りることも大切です。自宅でトリートメントするのも大事ですが、サロンに行くとやっぱりツヤや触ったときの感触が全然違います。

枝毛や切れ毛がなくてツヤツヤの髪は、清潔感と上品さがあります。それに自分で髪の毛を触ったときに手触りがいいとテンションも上がりますよね。髪の毛が与える印象は大きいと思うので、なんの仕事をするにしても、きれいにしておくことは好印象につながると思います。

私は定期的にプロの力を借りて、家で毎日やることは簡単に続けられるものだけにしています。ケアはするけど、頑張りすぎないのがポイントです。

洗髪は普通にして、乾かす前にドライヤーの熱から保護してくれるスプレータイプのトリートメントを使うだけです。自然乾燥にもこだわっていなくて、ドライヤーで乾かしています。

# Rule 7

# メイクよりも素肌をきれいにすること

# メイクで「一時的に可愛くなる」のではなく、根本からきれいにする

最近、「美肌ですね」って言ってもらえることが増えてすごく嬉しいです。私の理想はすっぴんでも大丈夫なくらい、きれいな肌になること。ファンデのノリがいいとすごく嬉しいしテンション上がるけれど、理想はファンデを塗らなくてもいいくらいの美肌です。きれいな肌とツヤツヤの髪があればメイクは最小限でもいいと思っています。

肌がきれいだと清潔感も出るし、健康的に見えるから印象もとてもよくなります。逆に肌荒れしていたり、くすんだりしていると不潔な印象になったり、老け顔や疲れて見える原因にもなります。自分でも鏡を見るたびに落ち込んだり嫌な気持ちになったりします。

お肌に関しては、今も頑張ってきれいにしている最中です。もともと私の肌は全然きれいじゃなかったんです‼　ニキビ跡もあって色も黄色くて、シミもあり

ました。それが嫌でコンプレックスだったので、常にカバー力の高いファンデーションとお粉でマット肌にして隠していました。今思うとそれが間違いだったのですが……。

私は敏感肌なので、お肌の強い子が羨ましいなとずっと思っていました。でもだからこそ「美肌になるには努力するしかない」と頑張っています。

今まで2週間に1回、プラズマ導入という施術をやっていたのですが、最近は美肌の再生医療がすごく好きで私の中の定番になりつつあります。個人的な意見ですが、もともとお肌がきれいな人や若い子は、月に1回の施術を何カ月か繰り返せば、ファンデーションいらずの美肌になると思います。

おかげで今は日焼け止めとBBかCCクリームを塗るぐらいです。前はよくクッションファンデを使っていたけれど、最近それもあまり使わなくなりました。もちろん可愛いコスメは大好きだし、好きなブランドは毎シーズン新製品や新色もチェックしています。でも、毎日自分でメイクをするのは、楽しいよりもめんどくさいという気持ちが強いのかもしれません（笑）。

お肌がきれいになってくると、メイクが薄くても大丈夫になりましたし、厚塗りしないぶん、気持ちもラクになりました。お肌がきれいになることってすごく大切なんだなっていまさら気がつきました（笑）。昔はスキンケアの大切さが全然わかっていなかったから、仕事が終わって帰ってきて、メイクしたまま寝ちゃうこともよくありました（笑）。ダメですよね。

そんなわけで今、「もっと若い頃からスキンケアを頑張っておけばよかった」とすごく後悔しています。「30代になってから取り戻すのは本当に大変だ〜」と思いながら頑張っています（笑）。

お肌はきちんとケアしたら、そのぶんちゃんと応えてくれるもの。この本を読んでくださっている10代や20代の子は、今この瞬間からお肌のケアをちゃんとやっておくことをオススメします！　お金をかけることが難しかったとしても、毎日きちんと日焼け止めを塗るとか、化粧水や乳液を毎日サボらずきちんとつけるとか……できることはたくさんあると思います。

もし今、この本を読んでくださっている人の中に、今日まだ化粧水や乳液をつけていない人がいたら……いったん本を置いて、つけてから続きを読みましょう（笑）！

# Rule 8

# 自分を毎日アップデートする

# 大切なところはブレないけど
# 新しいことにも挑戦する！

キャバ嬢の仕事を引退して、ずっとつけていたまつエクを外したり、気分によってメイクも変わるようになりました。1年ぐらい前まではいつもマツエクをしていました。上200本、下80本とかで、14ミリのCCカール。常にまつ毛がギュンってカールしていました。夜の仕事の時はやっぱり濃いメイクのほうが映えるし、派手なメイクが大好きでした。でも最近はなんだかめんどくさくなってきて、全部とってしまいました（笑）。

それがきっかけで、カラコンもあまりしなくなって、まつエクなしの裸眼でナチュラルメイクの可愛さに気がつきました。

最初は「変って思われないかな？」とすごく不安だったのですが、褒められることのほうが多くて安心しました（笑）。今はプロデュースという形でキャバクラの仕事に関わらせてもらっていますが、もうキャストではないので、メイクもちょっと変えていったほうがいいかなと思ったのです。

ブレないことはすごく大切ですが、私は新しいことに挑戦するのも好きなので、仕事だけではなくてメイクでもいろいろやってみたいなと思っています。

メイクで気をつけているのは全体のバランスとＴＰＯ。特に仕事の時は相手がどんな仕事をしている方かとか、どんな年代の方かでファッションもメイクもある程度相手に合わせるようにしています。その上で、自分らしさを出せるように楽しんでいます。

変わらないよさもあるけれど、美容でも「現状維持では衰退するばかり」だと思っているので、ブレずに、だけど自分らしく進化していきたいです。

# 笑顔でいると

Rule 9

Chapter 01

魅力的な女性になるための美容のルール

# 幸せが集まる

目が大きいとか
顔のパーツが整ってるとかよりも、
笑顔が可愛い女の子が一番
可愛いって思うようになりました。
私もそうなれるように頑張りたいです♡

# この世に

## Rule 10

きっかけさえあれば誰でも絶対に可愛くなれます。

確率でいえば1000％！

それなのに諦めちゃうのは本当にもったいない。

今、何もしていない子こそ可愛くなれる

可能性のカタマリでしかないと思います。

Chapter 01

魅力的な女性になるための美容のルール

# 可愛くなれない女の子はいない

# Chapter 02

# 好きなことを
# 仕事にして
# 生きていくためのルール

Rule 11

# 大変な時こそ頑張る。

そうやって
頑張った努力は
絶対に裏切らない

# ギリギリだったけど「あの時、やめずに続けてよかった」って今になって心から思える

この言葉は雑誌でも本でもいろいろなところで今までも言っているので、知ってる方も多いかもしれません。でも何回も言いたくなるぐらい、私にとっては自分を強くしてくれる大切な言葉です。

『小悪魔ａｇｅｈａ』のモデルになって、キャバクラの仕事と雑誌の両立を求められたことは、想像以上に大変でした。私が専属モデルになった頃はキャバ嬢ブームが終わった後だったので、キャバ嬢をやっているモデルの子も他にいませんでした。正直、雑誌に出ることが自分にとってどれくらいプラスになるのかもわからない状況でした。

だから最初はそんなにやる気がなかったというか……雑誌のために時間がとられるのがイヤだなという気持ちが強かったのです。雑誌の撮影のためにキャバク

ラの仕事をする時間がたくさん削られて、お客さんが離れてしまったこともありました。

私はキャバクラの仕事が大好きだったので、その時間が奪われるのがとても大きなストレスでした。時間がなくて部屋も片付けられなくなって、どんどん部屋が汚くなっていきました。そういうのが積もりに積もって「もう無理。ほんと無理。やめる！」と決意しました。

そんな時、ある人から「ここでやめたら普通の人。大変な時こそ頑張ることで他の人と差がつくんだよ」と言われました。私はその一言で「もうちょっとだけ、頑張ってみようかな」という気持ちになれました。

もちろんとても大変でしたが、それでもなんとか頑張っているうちに少しずつ仕事と撮影のバランスが取れるようになりました。そしてキャバクラと雑誌の両立ができたことで、地道にコツコツ努力し続けた積み重ねが、自分の力になることと、時間の使い方を考えて行動することを学びました。

それに雑誌に出続けたことが、結果的にアパレルなど今の昼の仕事にもつながっています。だからあの時やめなくて本当によかったと思います。

私、仕事に対する考え方は意外とスポ根的なところがあるのかもしれません(笑)。

# Rule 12

# 悩むことはたくさんあるけど、病むことはない

## 病むっていう言葉、好きじゃないし使いたくない

私は病まないです！

「病む」という言葉を書いたり口に出したりすると気持ちが負けちゃう気がします。言葉ってすごく大きなパワーを持っていると思いますし、「病んでる」と言うことで自己暗示がかかって、心がすごく弱くなってしまうと思うのです。だから人に「私、いま病んでるんだよね」とは言いたくないです。もちろんSNSにもそういうネガティブなことは書かないようにしています。自分から世界中に「病んでる」と発信する人には、あまり近寄りたくないなと思うからです。

病むことはないけれど、悩むことはたくさんあります。仕事のことでも人間関係でも。悩むこと自体はネガティブなことだとは思っていません。悩むということは「どうしたらうまくいくんだろう、何がダメなんだろう」と前向きに考えることだと思うからです。

答えはすぐに出ないかもしれないけれど「悩む時間＝解決のために考える時間」ですよね。だから、悩むことはマイナスなことじゃなくて、前に進むことにつながる、すごく意味のあることだと思います。基本的に世の中はうまくいかないことのほうが多いと思っているから、「悩むことがあるのは当たり前だ」というスタンスで生きています。

でも「どうしたらいいんだろう」だけで終わってしまったら意味がありません。原因と解決方法はしっかり考えることにしています。悩みがあるのは当たり前だし、避けられないもの。だから、避けたり逃げる方法を考えるのではなくて、向き合って解決していくのが愛沢えみり流です。

誰だって生きていたら悲しくてつらいことは絶対に起きるものだから、怖がらずに受けとめて考えることを大切にしています。

# Rule 13

# 失敗はマイナスじゃなくて、成功するために不可欠なもの

# たくさん失敗することで、たくさん学べる

クリニックのプロデュースも始めたし、海外での仕事など、これからも新しいことをどんどんやってみたいです！　いろんな仕事をしているせいか「勇気あるよね」と言われたりもします。

前に「現状維持では後退するばかり」って言葉を聞いた時にすごく心に響いたんです。私はたくさんチャレンジして、たくさん失敗してきたからこそ「そうだよね、やることに意味があるんだ！」と思えました。

大切なのは「失敗した後にどうするか」。失敗して傷ついて、自信をなくして終わるだけであれば、そこから得るものはないと思います。あまり外で見せることはないけれど、私もうまくいかなくて凹むことはたくさんあるんです。うまくいかないことが、本当に次から次へと出てきます（笑）。

でもその後で「なんで失敗しちゃったんだろう。次、これをうまくいかせるためには、どこを直せばいいんだろう」とすごく考えます。そしてまた挑戦するようにしているんです。

何回も何回も失敗することだって当たり前にあります。でも、くよくよしません。「次はうまくいくように頑張ろう！」と思って、少しずつ乗り越えていくしかないと思っているからです。ちょっと失敗したくらいじゃ落ち込みません。

この考え方でいると失敗することは怖くなくなるし、むしろ1回でうまくいかなくて当たり前ぐらいに思えます。いつだって、失敗したぶんだけ成功に近づけているんだって信じています。

# Rule 14

# 自信は自分で努力することでしか得られない

# 他人の言葉や他人と比較することからは本当の自信は作れない

自信を持っていると、誰に何を言われてもブレないでいられます。だから自信はhappyに生きていくためには必要なものだと思っています。

「どうしたら自信が持てますか？」という質問をよくされるのですが、自信は自分で努力することでしか得られないものだと思います。

「可愛いね」とか「仕事できるね」とか人から言われたことや評価を自信のよりどころにしていると、他人に左右されてしまいます。

他人は何も考えないでその時の気分でモノを言うことも多いし、わざとひどいことを言う人もいます。自分以外の人の言葉や評価を自信のよりどころにしてしまうと、いつまでたっても本当の自信は作れないんじゃないかなと思います。

自信を持つためには何かひとつでもいいから、本気で努力して頑張ることです。

これしかないです。その「何か」はなんでもいいと思います。仕事でも、恋愛でも趣味でも。

自分にプラスになることで、数字のように結果がはっきり出るものだと自信になりやすいかもしれません。私の場合はキャバクラでナンバーワンを取り続けたことと、キャバクラとモデルを両立できたことが自信につながりました。

人と比べるのは意味がないですよね。「あの子よりは私のほうが細い」とか「あの子よりは稼いでる」なんて、自分より結果を出していない子と比べて優越感を持つのは自信とは違うと思うので。とにかく何でもいいから、本当に本気で努力すれば自信は自然と作られると思います。

Rule 15

# 誰に何を言われても、

安定した仕事と、好きなこと。
どっちか選べって言われたら、
私は大変でも好きなことを仕事にするほうを選ぶ。
やりたいことで仕事をしていくためには
きっと努力もできるから。
努力は無限だから可能性も無限に広がる♡

Chapter 02

好きなことを仕事にして生きていくためのルール

# 仕事は自分の好きなことを

失敗することもあるかもしれないけど、
失敗がなきゃ成功もない。
なにより自分の人生は一生楽しくすごしたい。
そのために好きなことで努力するほうを選ぶ♡

Rule 16

# 不運としか思えない出来事の中にも、いいことは必ずある

# 運気が悪くなりそうな ネガティブワードは言わない・書かない

「不運」とか「不幸」みたいにネガティブな言葉は使わないようにしています。「病む」と一緒で「運がない」「運が悪い」と言っていると、本当にそうなりそうだし、どんどん悪くなっていく気がするので。私は縁起とかもわりと気にするタイプなんです（笑）。

それに「不運」なんて存在しないと思っています！

そういう時は「今が少しうまくいかないだけ」と考えます。それでもいいことが全然ない……という時も、どうにかしていいほうに考えます(笑)！

現状を悲しむよりも、起きたことをどう捉えるかが大切です。失敗から得ることが多いのと同じで、よくないと思えることの中にも、いいことは絶対にあるから。私はそれを探します。

自分で「私は運がない」と言っていると、何があっても悪くしか考えられなくなってしまいそうですよね。そうやって悪いほうに思いこんでしまうと、小さなhappyがたくさんあっても気づけなくなるのではないでしょうか。

それでもうまくいかないことがあった時には、一瞬だけ落ち込んで「また頑張ろう、なんとかなるはず！」と思って頑張ります！　そうやっているといいことがあったりするんです。

考え方で人生は変わります。

同じ人生なら自分でhappyなほうに寄せていきましょう♡

# Rule 17

# 有言実行！だけどSNSには書かない

# 有言実行派だけど
# 言う相手は信頼できる人たちだけ

私は有言実行タイプです。引き寄せの法則もあると思っているし、やりたいことや好きなことは、どんどん口にすることで実現に近づくと思います。

でもSNSみたいに誰にでも見えてしまうところには、やりたいことがきちんと形になるまでは書かないようにしています。それまでは本当に信頼してる人だけに言うことにしています。これにはちゃんと理由があるんです。

かなり前の話なのですが、まだまだ企画段階だった仕事がありました。嬉しくてそのことをSNSに少しだけ書いたら、それがきっかけで仕事の邪魔をされてしまって、結局うまくいかなかったことがありました。それ以来、SNSに限らず不特定多数の人が目にするものについては、書く内容に気をつけるようになったのです。

ネットを見ている人がみんな味方なわけではないですよね。いろいろな経験をしたことで、相手の行動を変えることは本当に難しいから、自分が気をつけたほうが早いし疲れないなと思うようになりました。

ＳＮＳの投稿から、どんどん話が大きくなったりすることもありますよね。ウソというか……誰かの妄想が、まるで本当のことみたいになってひとり歩きしているのとかは本当に怖いなって思います。だから私は自分の目で見て、直接聞いた話以外は信じません。

# 目の前の出来事で一喜一憂しない

# Rule 18

「人間万事塞翁が馬」って言葉が大好きです。

「人生における幸・不幸は予測しがたい。

幸せが不幸に、不幸が幸せにいつ転じるか

わからないのだから、安易に喜んだり悲しんだり

するべきではない」という意味です。

こういうことは毎日の中でたくさんありますよね。

だからいいことが起こった時も、

よくないことが起こった時も、

その瞬間の感情にあまり左右されないほうがいい。

長い目で見てると、すごくラクになります♡

# Rule 19

周りの目を気にしすぎる
必要はないけど
周りの人を
思いやることは大切

# 周りの目を気にしないことと、人に気を遣わないことは全然違う

私は他人の目はあまり気にしないで生きてきたけれど、今は周りの目というか周りの人を思いやることをすごく大切にしています。

周りを気にしすぎてやりたいことが何もできなくなってしまうのは違うと思うけれど、人間って一人で生きていけるわけではないですよね。だから周りに対して気を遣うという意味で、周りの目を気にすることも必要だと思います。

例えばメイクは昼の仕事になって少しずつ変わってきました。「ナチュラルメイクの自分も楽しんでみたい」という気持ちだけではなくて、昼には昼にふさわしいファッションやメイクもあることがわかりました。あまりにもバサバサなまつエクで打ち合わせに行ったら、びっくりされてしまうと思います（笑）。

最初はどうしても見た目で判断されてしまう部分もあると思います。仲良くなっ

たり信頼関係ができてから自分を出していくのはいいと思うけれど、最初は相手にいい印象を持ってもらえるようにするのも大切なことです。

その中で、私らしさを出していければいいなと思います。

# Rule 20

やりたいことなんて
簡単に見つからなくて
当たり前。不安になるより
いろいろ経験してみる！

# 今、やりたいことがなくても全然大丈夫！

今まで出してきた本にも書いていますが、最初からキャバ嬢になりたくてなったわけではありませんでした。ラクそうで時給が高くて、朝起きなくていいからという理由で始めたんです（笑）。

だから働き始めた頃は、キャバクラの仕事がこんなに大好きになるとは思っていなかったし、会社を作って社長になるなんて想像もしていませんでした。努力することができなくて、働くことも大嫌いだった私が「大好き♡」と言える仕事と出会えたのですから、不安になる必要なんてありません。絶対に大丈夫です！

「やりたいことを見つけるために何かしなきゃ」と思っているなら、趣味とか遊びとか……いつもと違うことをいろいろ体験してみると、自分のやりたいことが自然に見つかるんじゃないかなと思います。私の場合はそうでした。繰り返しになるけれど、不安になる必要は本当にないと思います。

例えば普段は行かない新しい場所に行ってみたり、会ったことのないジャンルの人に会ってみたり。最初はそんな、ちょっとしたことからやってみるのがいいんじゃないかなと思います。逆にいきなり学校や仕事を辞めるとか大きな変化を起こす必要はないと思います。

そしてちょっとでも興味が持てるものに出会ったら、本気をだして頑張ってみること。そうすると、それが他のいろんなことにつながっていきます。本当に小さい日常の中のことでいいから、自分の中の「いつもの」を変えてみると新しい発見があったりして楽しくなると思います。

見つからないから不安っていう考え方より、いつか出会う「やりたいこと」が何かを楽しみにして毎日を過ごすほうが絶対ｈａｐｐｙです。

Rule 21

つらい時は
無理しなくていい。
頑張るけど、
ストイックに
なりすぎないのが私流♡

# やる気がでない日は 自分をいたわることも大切

「もうちょっと寝ていたいな〜」「疲れた〜面倒くさいな〜」って思うことはしょっちゅうあります（笑）。でも、思うのと行動にうつすのはまた別ですよね。

仕事に関しては体力的に疲れたりすることはあるけれど、好きなことをやっているので「仕事をしたくない」と思ったことは1回もありません！

とはいえ私も人間なので、つらくてどうしようもない気持ちになったり、ネガティブになったりしそうな日はあります。もともとはすごくネガティブな人間なので。


そういう時は、まず美味しいものや大好きなものを食べることにしています。ストレスを溜めないように気をつけているけれど、溜まってるなと感じた時はお肉を食べます（笑）！

食べながら、信頼できる友達に、聞いてもらいます。30分もしゃべっているとスッキリして発散できることがほとんどです。「どうでもいいや」「まあいっか」と自然に思えるようになっています。

人に話すような気持ちになれない時は、あたたかいお風呂に入って半身浴してリラックス。そしてゆっくり寝て体をいたわります。愛犬のティアラと一緒に寝ることは私にとって何よりの癒しです。

そうすると「つらい気持ちはずっと続くわけじゃない、今だけだから大丈夫」と思えます。この本を読んでくださっている方の中にも、今すごくつらい状況の方がいるかもしれません。でも大丈夫です！　きっと未来のあなたは笑顔でいるはずだって信じてくださいね。

# Rule 22

# 「その時」が来たら即行動！だけどその前に徹底的にリサーチする

# 考えないで行動しても、いい結果は得られない

行動することはすごく大切なことだと思います！　だけどその前に、情報や実際の状況を調べて考えることは絶対に必要です。私も新しいことをスタートする時は、その前に本当にたくさん調べます。やるとなったら妥協したくない性格なので。私は自分が「最高♡」と思うもの以外はやりたくないし、じゃなきゃやる意味がないと思っているからです。

調べたり考えたりしているところを人に見せることはないので、きちんと調べているのが意外だと言われることもよくあります（笑）。

クリニックのことも、最初に考え始めたのは4年前ぐらいでした。そこから、施術のクオリティはもちろん、アメニティやベッドの寝心地、クリニック全体の居心地のよさや接遇など……すべてが行き届いているクリニックはどういった場所なのかということを、時間をかけて調べました。「私がこのクリニックのお客さん

だったらどう感じるか」を一番大切にしたのです。１ミリも妥協したくなかったので、最初に予定していた時期よりオープンが１年くらい延びました。でもその結果、たくさんの人に喜んでもらえるクリニックになったと思います。

行動するのは本当に大切だけれど、「とりあえず行動してみる」では絶対にうまくいかないし、頭の中で考えているだけでも意味がありません。いつも、何をするにもリサーチと行動をセットにしてやっています。

# 努力は必ず

Rule 23

# 何かにつながる

よく「成功する秘訣はなんですか？」
って質問をされるけれど、
私はまだまだです。成功したいな。
今だって、努力しても
うまくいかないことがほとんどです。
でも努力を続けていれば、
少しかもしれないけど
絶対に成長しているはず。
そしてその努力が必ず何かにつながります。
それを信じて頑張ります♡

# Rule 24

やめ方は、始め方以上に大切。
「嫌だから」って理由だけでやめてしまったら
何をやっても続かないと思います。
やめる時は次にやりたいことや新しい環境を
きちんと見つけてからやめたほうがいい。
ただ嫌なことから逃げるためにやめるんじゃなくて、
次につながるやめ方が大事なんです。

# 「嫌だから」という理由だけで仕事をやめない

Rule 25

# ラクして稼ぐより努力して稼ぐことに意味がある

## 努力して稼ぐことでお金だけじゃなく、生きていく上で大切な知識や経験が身につく

キャバクラの仕事は「ラクして稼いでる」ってイメージが強いかもしれないけれど、そんなに甘くないんです。私もラクはしていませんが、仕事が大好きだったので努力するのも楽しかった。ラクするのと楽しむのは違うと思います。

楽しいというのは、つらいことや大変なことも全部含めた上でのことだから。ラクして稼ぎたいと思うということは、その仕事がやりたいことではないからなのかもしれません。

きれいごとに聞こえるかもしれないけれど、同じ金額でもラクして稼いだお金より努力して稼いだお金に価値があると思います！　気持ちの問題という意味だけではなくて、努力することで稼ぐために必要な知識とか経験が身に着くからです。

# Rule 26

# 最初からコネや人脈を使って仕事をすると長く続かない

# 人に頼って近道するより 地味にコツコツ頑張る。これに勝るものはない

新しいことを始める時、人脈がないから無理と諦める必要はありません。最初から人に頼るのは違うし、仕事ってそんなに甘くないので。その時はいいかもしれないけれど、そうやって仕事をしていると、長くは続かないんじゃないかと思います。

むしろ人脈は後から自然にできていくものだから、人脈を使って仕事をしないほうがいいと思います。地道にコツコツ努力したほうが最終的にうまくいきます。

私が一緒に仕事をしたいと思うのは、お金が一番の目的ではない人です。自分が好きなことを仕事にしているからというのもあるけれど、気持ちが一緒じゃないと難しいと思います。

# Rule 27

# 不安やネガティブな自分も受け入れる

# 不安もネガティブな気持ちも原因を考えて行動することで力に変える

私もネガティブになることはあります。でも、それをSNSに書くことだけはしないようにしています。言霊ではありませんが、書くことでネガティブなことや不安が現実になってしまいそうだから……。落ちこんだりしているところは見せないだけで、全然落ちこむし不安にもなります。どちらかというと、マイナス思考かもしれないぐらいです。

最初からネガティブにならない強いメンタルがあればラクだろうなと思うけれど、性格を変えるのは難しい。だから「私はこういう性格だから、どんな時もポジティブでいられなくたっていいんだ」と受け入れています。ポジティブになれない自分を責めてもつらくなるだけだし、前には進めないので。

でも「なぜそう思ってしまうのか」「どうしてこんなに不安なのか」を考えて、よくする方法を見つけて行動します。私はいつもこの繰り返しです。それで少しずつポジティブになれたらいいなって思っています。

# 常に「その先」を考える

# Rule 28

やりたいことや目標があると、
嫌なことがあっても乗り越えられる。
今の自分が
「これから先どうなりたいか」
「どうしたいか」
を常に考えて具体的にしておくと強くなれます。

# Chapter 03

## 恋愛のルール

# Rule 29

# 自分は浮気されたことがないって信じてる!!

# 浮気されたら悲しくて
# ティアラと山にこもっちゃう（笑）

私は浮気されたことがありません！　これを言うとみんなに「バカじゃないの？」って爆笑されます。でも本当にないんです（笑）！　気がついていないだけかもしれないけれど（笑）。

私の思う浮気は、女の子とふたりで秘密で会ったら。秘密にするということはやましい気持ちがあるから。そんなの絶対にムリです。もし浮気されたら、悲しすぎてもう好きじゃなくなると思います。

将来結婚して、旦那さんがキャバクラに行くのは付き合いだったら嫌じゃないです。逆に付き合いのない旦那さんのほうが嫌かもしれません。でも、ひとりでキャバクラに行って楽しんでいたら……許せないです（笑）！

いつかは奥さんになりたいです。本当は30歳になる前に結婚したかったけれど、もう30歳になっちゃいました（笑）。

# Rule 30

# 変な意地は

# 張らない♡

彼氏とケンカしても、
自分から連絡するタイプです。
「ね～何してるの？」みたいに(笑)。
ずっとケンカしてる状態が続くほうが嫌。
連絡もずっと待ってるほうが疲れます。

# Rule 31

# 心がケチな人や見返りを求めて行動する人は好きにならない

# 同性から好かれている人が好き

私はおもしろくて少年みたいな人が好きです。前向きで元気で、例えば私がネガティブになった時に「大丈夫だよ」って明るく笑い飛ばしてくれるような人。あと、同性から好かれている人。仕事仲間とか友達を大切にしている人もいいなって思います。常に恋愛を最優先する人よりは、ちゃんと自分の世界を持っている人がいい。でも、いざという時は彼女や奥さんを最優先することは大前提での話です。

逆に好きにならない人のほうがはっきり言えます。ウソをつく人と心がケチな人。これは男の人というか、人として無理なタイプです。

心がケチというのは、具体的には損得勘定なしに人のために動くことをしない人や、常に見返りを求めて行動する人のこと。犬などの動物が苦手な人とも付き合うのは難しいと思います。

好きになる相手の年収などは気にしたことがありません。お金持ちより、何かを生み出せる力がある人がいいと思います。

ＳＮＳが大好きな人のことも好きにならないかもしれません。仕事としてやるのは全然気にならないけれど、プライベートでインスタのストーリーを更新しまくっているような人はあまり好きではないです。

でも自分はＳＮＳが大好きだし、インスタはほぼ趣味。ストーリーもたくさん更新しているから超自己中ですが（笑）！　ＳＮＳ更新しまくり男子が嫌な理由はうまく言えないのですが、とにかく無理なんです（笑）！

# つらい恋愛は

Rule 32

# 選ばない

毎日泣いちゃうような、

うまくいかない恋愛は疲れちゃうから私はしない。

一緒にいる時も、いない時も

楽しくて幸せって思える恋愛がいい。

Rule 33

# 経済的に男性に寄りかかりっぱなしにはならない

# 自分の可能性を試す生き方のほうが楽しい♡

男の人に養ってもらう生き方と、自分の可能性を試す生き方。どっちが私らしいかと言ったら、自分の可能性を試す生き方だと思います。

10代の頃は、全然真逆の考え方で、「彼氏に養ってもらえばいいや」と思っていたし、養ってもらっていました。

でもそうやって彼氏のお金で生活をしていたら、別れた時に一瞬にしてすべてなくなるという経験をしました。誰かに頼って生きていると、その人がいなくなった時に住む場所もごはんを食べるお金も、なくなってしまうんです。

この経験があったからこそ「自分の人生なんだから、自分で頑張ってみよう」という考えに変われたと思っています。その時はつらくても、長い目でみると自分のためになっている経験は恋愛でもたくさんあると思います。

# Rule 34

男運なんて存在しない。あるのは「男運がない」と感じてしまうような相手を選んだということ

# 一番の問題は「男運がない」って感じちゃうような相手を好きになる自分自身にある

「男運がない」と言っているのを聞くと、ちょっと違和感があります。だって「男運がない」と感じてしまうような人を自分が選んだわけだから。

「私には男運がないんだ」と思うなら、「どうしてそういう人を選んじゃうんだろう」ということを冷静に考えてみるといいと思うんです。

例えば、自分より男友達を優先されることで悩んでいるとします。もちろん状況にもよりますが、私なら最優先されない＝愛されてないとは考えないです。「友達より優先されないのは私が愛されてないからだ、魅力がないからだ」と病むよりは「この人はこういう性格だから受け入れるしかない！」という方向に持っていったほうがいい。

それに「男運がない」と自分で言っていると、本当にそうなってしまうと思います。自己暗示や思いこみの力はバカにできないものです。それに自分だって、いつでも彼氏を最優先にはできないですよね。それを求められたらつらいから、私はしません。自分ができないことを相手に求めちゃダメですよね。

恋愛系の悩みは、冷静になって考えると「こんなことで悩む必要ないかも」と思うことがたくさんあるはずです。特に恋愛という感情的になりやすいことだからこそ、冷静に考えて分析することが大切だなと思います。

# Chapter 04

# ストレスフリーで happyな人間関係を作るためのルール

Rule 35

# いいことしか言わない人は要注意！

# 本当に自分のことを思ってくれている人こそ、厳しいこともきちんと伝えてくれる

私にとって信頼できる人は、ダメなところや悪いことこそ、しっかりと言ってくれる人。褒めてばっかりだとか、いいことしか言ってこない人のことは信用しません。

「こういうところはよくないから直したほうがいいと思う」とはっきり言ってくれる人は信用できる。とはいえ、ただ悪いところを言ってくるのは批判でしかないから、そこは伝え方をちゃんと見極めます（笑）。

本当に私のためを思って言ってくれる人は、言うタイミングや言い方をちゃんと考えてくれています。悪いことのほうが言いにくいし、人間関係が壊れてしまうかもしれないのに言ってくれるのは、本当の意味での優しさですよね。

実は社長になった今でも、会社で怒られることも全然あります（笑）。怒られた

ら同じことを繰り返さないようにして直せばＯＫ。私は怒られたら「わかった、次気をつける、ごめんね」と言って直すようにしています（笑）。

逆に私も大好きな人たちにこそ、悪いと思ったところはハッキリ言うタイプだから、もしかしたら嫌われているかもしれないです（笑）。

# Rule 36

# 昔からの友達は
# ずっと大切♡

# 今、話が合わなかったとしても一生合わないままとは限らない

昔からの友達と、仕事や生活環境が変わって、話が合わなくなることってありますよね。でも私はそれを理由に友達から離れるという選択はしません。それぞれの人生を生きていく中で、価値観や考え方が変わっていくのは当たり前のことなので。昔からの友達は純粋に好きっていう気持ちだけで仲良くなった関係。そういう友達は、大人になったらなかなかできないので、話が合わなくなったとしても大切にしたいと思っています。

会う回数を少し減らしたり、距離を置いたりすることはあるかもしれないけれど、でも大切にする気持ちは変わらないです。性格が合わないのも、一時的なことかもしれない。また生活環境が同じようになったら、前みたいに合うようになることもあると思うから。それに久しぶりに会ったら、思い出話とかでまた楽しめることもあるかもしれないですよね。

私は友達が少ないから大切にしたいっていうのもあります（笑）。

# Rule 37

# 苦手な人にこそ笑顔で！

# 好きな人に笑顔で接するのは誰でもできる

昔は仕事でも「この人嫌い！　ヤダ！」と思うと顔と態度にすごく出てしまいました。でも「苦手だな」という感情を顔に出したりしたところで、何ひとついいことはありませんでした。

苦手な人って、どんな環境でも必ず存在するものですよね。特に仕事をしていると、自分が大好きな人たちしか存在しないという環境はないということに気がつきました。

だからどんな人にも笑顔で接する努力は大切だと思っています！　好きな人に笑顔で接するのは誰にでもできることだから、苦手な人にこそ笑顔で。口角をあげて頑張ってでもニコッてしていたら、自分の気持ちも意外とニコッとなります。

あとは苦手な人にこそ「ありがとうございます」という感謝の気持ちをきちんと伝えること。苦手な人を苦手だと意識してしまうと、さらに苦手になってしまうから……。まずは自分を変えるのがいいと思います。
「あ、ムリ。やっぱこの人苦手！」と顔に出そうになった時こそ、えいっと口角をあげてみましょう。楽しいことを考えて。そうすると、きっと笑顔になれると思うし、そのほうが自分も楽になるんじゃないかなと思います。

現実的に考えて、苦手な人がまったくいない環境ってありえない。相手のことは変えられないけれど、自分の気持ちや考え方は自分でコントロールしたり変えたりすることができます。もっとラクにｈａｐｐｙに過ごせるように自分を変えていきましょう。

Rule 38

# 感情にまかせて怒っても周りの人は変えられない

# 怒りは　コントロールできる感情

今までもさんざん言っているけれど、昔はギャーギャー怒ってばっかりでした。自分のことしか考えていなくて、「自分さえよければいい」と思っていたのでお店で仲いい子も全然いませんでした。ワガママな一匹狼でした（笑）。それでもキャバクラは売上を作ってちゃんと結果を出していれば、みんなチヤホヤしてくれたんです。

ところが会社を作って昼の仕事を始めた時、それまでみたいに感情にまかせてモノを言っていたら、会社の子たちがやめたり、怒った翌日から来なくなったりしてしまいました。その時初めて「このままじゃダメなんだ」って気がついたんです。それで初めて、自分以外の人の考えや価値観を認めて受け入れられるようになりました。

それまでは「本気で仕事をやっているなら、今日中にここまでやるでしょ！

なんでまだ終わってないのに帰るの⁉　ありえない‼」なんて言っていました。絶対に自分が正しいと思っていたし、同じモチベーションで仕事をしてもらいたかったから。

でも、働く理由は人それぞれだし、モチベーションも価値観も、仕事の仕方も人によって違うんですよね。それを無理やり自分に合わせてもらおうとしても、うまくいかないということを学びました。私が変わったら、会社のみんなも変わってくれて、今はとてもうまくいっています。怒っても、何ひとついいことはなかったし、自分が疲れるだけでした。

怒りのパワーは違うことに使ったほうがｈａｐｐｙになれます。『嫌われる勇気　自己啓発の源流「アドラー」の教え』（岸見一郎・古賀史健著／ダイヤモンド社）を読んでから「怒りの感情って意外とコントロールできるんだな」と思うようになりました。怒ってばかりいた昔の自分に教えてあげたいです（笑）。

Rule 39

# 自分がされて嫌なことは

人間関係で心に決めているのは、
自分がされて嫌なことは
絶対にしないこと。
どんなひどいことをされたとしても、
仕返しとか復讐は絶対にしません。

# 他人には絶対にしない

もちろんムカつくこともあるけれど
やり返したら人として
ダメになっちゃう気がします。
世の中には色んな人がいるし、
特にSNSは匿名でもできるから、
言葉で人を傷つけたり嫌な思いを
させることが簡単にできます。
だからこそ、絶対にやっちゃいけないんです。

# Rule 40

女の子同士って上辺の
関係も大切。
気が合わない子とまったく
付き合わないのは
現実的じゃない

# いい意味で割り切ることができれば、女の子同士の複雑な人間関係もラクになる

「合わない人とは無理に付き合わなくていい」という考え方もあると思うけれど、それってあんまり現実的じゃないと思います。

特に女の子同士の人間関係は、仕事とか学校みたいに環境が絡むと難しいものです。ランチに行ったり飲みに行ったりするのを、ある時からいきなり「私は行きません」なんて言ったら、人間関係がギクシャクすると思います。それにもし気が合わない人と同じ職場とか部活とかだと、その人とも助け合ったりチームで動かなければいけない場面も出てくるかもしれません。

私は上辺の関係も大切だと思うので、「これは仕事!」と割り切って距離感を大切にして付き合います。

# Rule 41

# 感情的になって相手にぶつかると、損することはあっても得することはひとつもない

# イライラしたら、いったんその場を離れてみる

イライラしてしまう時、私はいったんその場を離れて、気持ちを切り替えるようにしています。別に遠くに行く必要はなくて、トイレでもいいしコンビニでもいいんです。とにかくその場から離れて深呼吸してみます。そして少し落ち着いたら「何にイライラしていたのか」をゆっくり考えるんです。

そうすると、意外とイライラしていた原因が実は他のところにあったりとか、いろんなことに気がつくことも多いと思います。

その場にずっといると、どんどん自分の中でヒートアップするし、その時の感情のまま言葉に出してしまうと、取り返しがつかないので。その場の感情でモノを言ってしまった後は後悔しかしないです。

そうならないためにも、「ちょっとヤバいかも。爆発しそう」と思ったらすぐその場を離れます！　極限まで我慢してしまうと、そのまま爆発してしまう率が高くなると思います。

Rule 42

# 誰が言ってるかもわからないネットの言葉で傷つくなんてもったいない

# 必要ないものは見ないようにする強さも必要

ネットで叩かれたり、陰で悪口を言われていても私は気にしないし、そのことで悩みません。

昔はネットの掲示板で、信じられないぐらいひどい嘘を書かれたり叩かれたりしたこともありました。その時は本当に「どうしよう。もう終わりだ」と落ち込みました。でも、全然終わりませんでした(笑)。ネットの悪口みたいな誰が言ってるかもわからない言葉にショックを受けて傷つくなんて、もったいないです!!

ネットの悪口は、基本的には自分で検索して見なければすむことです。きっと、売れている子たちも私と同じことを言うはずです。何を書かれても気にもしないと思います。

自分からネットを見て病むことって、私にとってはすごく謎です。それは陰で悪口を言われる場合も同じ。いちいち気にする必要はないです。そういう子はみんなの悪口を言ってると思うので。「この子はそういう子なんだな」と割り切って付き合うほうがいいと思います。

自分の行動は自分の意思で変えられるけれど、悪口を言う人を変えることはとても難しいことです。

人は変えられないから、自分が変わるほうがラクだしｈａｐｐｙになれますよ。

# Rule 43

# 「人を使う」ことを考えているうちはうまくいかない

# 一緒に働いてくれる人たちには最大限の感謝と思いやりを♡

社長という立場になってから、仕事はひとりでできるものではないんだと強く感じました。「どうやったら人をうまく使えるのか」という考え方をしているうちはうまくいかないと思います。一緒に働いている人たちが自然に「頑張ろう！」と思える環境を作ってあげることが、社長としての私の一番大切な仕事だからです。

そして、一緒に働いている人たちに常に感謝する気持ちを持つこと。立場が違うからこそ、相手の立場になって考えて、その人たちにとっていい環境を作ろうという気持ちが大切です。

今私の会社で働いてくれているみんなは、たくさんある会社の中で、この会社を選んでくれたわけなので。みんなが働きやすい環境にできたらいいなと毎日思っています！ 自分のことは後回しでいいと思えるようになりました。

こんなふうに自分が変わるなんて、想像もしていませんでした。昔は本当に自分中心で、「自分さえよければオッケー」という考えだったので。

昔の自分のやり方を、今すごく反省しているし、同じことを繰り返さないようにすると心に決めています。

Rule
44

# 言いにくい話は内容以上に「言うタイミング」が大切

# 自分が言いたいこと以上に、相手の言いたいことをよく聞く

「スタッフさんや後輩の指導がうまくいかない」という相談は、すごく多いです。その気持ちはすごくわかります！　私もこれについてはすごく悩みました。一番悩んだかもしれません。

やめてほしくないと思うと、なかなか言い出せなかったりすることも多いと思います。逆に感情にまかせて言って後悔したり……。とはいえ、言わないといけないことはあるから、言うタイミングを考えて話すようにしています。言うタイミングというのは、自分のタイミングではなくて相手のタイミングです。どんな話も、相手が聞いてくれる姿勢がないと伝わらないと思うので。

それから相手の話もよく聞くことを心がけています。まず最初に、相手の言いたいことをよく聞くんです。その後で「どうしたらいいと思う？」とさらに聞きます。一方的に言いたいことを言うのではなくて、どうしたらもっとよくなるか

を一緒に考えるというイメージです。それと、あまり偉そうには言わないようにしています。実際、偉くないので（笑）。

最近はやめてほしくないとあまり強く思いすぎてもよくないかもしれないと考えるようになりました。人はそれぞれ、みんな自分の人生があって、それぞれの人生の主役です。だから一期一会ではないけれど、今、ここにいてもらえることに感謝しています。

仕事での人との付き合い方は、私もまだまだ勉強中です。

Rule 45

人にどう思われるかは
自分では決められない。
でも「どう接するか」は
自分で決められる

# 他人のことは変えられないけど、自分のことは変えられる

人のことは変えられないし、どんなに頑張って好かれようとしても、好かれるかどうかは自分では決められません。だから陰で文句を言われたりしても、気にしません。そういう人って、どこでも必ずいるので。どうにかしようとして、どうにかなるわけでもありません。

でも、自分がどう行動したり接したりするかは自分の意思で決められます。だから、「あの人にこう思われたらどうしよう」なんて考えずに、「私はこの人にこう接したい」という気持ちで動くようにしています。

開き直りとは違いますが、「変えることができるもの」と「変えることができないもの」をきちんと知っておくのは大切だなと思います。

変えたいなら、まず自分を変えていきましょう。

# おわりに

この本を書いていくことで、またひとつ私のやりたいことがはっきりしたように思います。

それは、美容の持つ力の大きさをたくさんの人に知ってもらうことです。美容が女性にとって生きていく上で大きな力になることを実感したからこそ、私もとてもこだわっているのですが、伝え方がとても難しく、これまで根本にある自分の考え方を発信することはあまりありませんでした。

以前、テレビのインタビューで「女性だからきれいでいたほうがいい」という内容の話をした時に、ＳＮＳのＤＭで「テレビで見たけど、あの発言は男女平等ではないと思います」という意見をいただいたことがあります。

## Afterwords

### おわりに

もちろん私はそんなつもりで言ったわけではないのですが、受け取り方によっては女性差別に感じてしまう、とてもデリケートなことなのだと改めて感じました。

「女性だからきれいでいなければならない」と強制することは絶対にあってはならないと思います。社会がそれを強制してはいけないと思いますが、私は生き方のひとつとして、美容に力を入れることが外見的な美しさを磨く以上に意味があることを伝えていきたいと思っています。

私は「自分が可愛くなりたい」という思う以上に、周りの誰かが可愛くなっていくところを見るのが大好きです。可愛くなることで自分を好きになり、自分に自信をもって明るく輝いていく姿を何度も見てきたからです。それに、女性の場合はきれいになることで気持ちが安定することも多いように思います。

私自身、適当な服装で髪やお肌の調子が悪い時は、打ち合わせでもイライラしやすくなる気がします。でも、お気に入りの服でお肌も髪も元気な時は気持ちがいいし、今日も頑張ろうと思える。誰かに褒められたりしなくても、自分で納得できると、それだけで一日を頑張る原動力になります。

可愛くなれない女性はいないし、誰にでも可愛くなれるチャンスはあります。ただ、諦めてしまっていたり、美容に力を入れることでいろいろなことが変わることを知らなかったりする人もたくさんいると思います。

この本には、そんなふうに今美容についてあまり関心をもっていなかったり、重視していない方々にも届いてほしいという想いを込めました。きれいになることは見た目を変えるというだけでなく、自分の行動で、なりたい自分になるということです。なりたい自分になるということは、美容だけではなく、仕事や夢に対しても共通して必要なことではないでしょうか。

きれいになりたいと憧れるだけでなく、その気持ちを前向きに行動する力に変えることで、自分は変われます。この本を書き終えて私は美容の持つ力を伝えるために、まだまだやりたいことや書きたいこと、伝えたいことがあるなと感じました。

# Afterwords

## おわりに

これからはさらに、そのための努力をしていこうと思います。

この本を読んでくださった方々が、昨日より可愛く、そしていつも笑顔で幸せになりますように。

２０１９年　11月吉日　愛沢えみり

## 愛沢《あいざわ》えみり

## Emiri Aizawa

1988年9月1日生まれ。株式会社voyage代表取締役。歌舞伎町NO.1キャバ嬢として雑誌『小悪魔ageha』にスカウトされ、2011年に専属モデルとして登場。2013年に自身のブランド「Emiria Wiz」を立ち上げる。2015年、単独店舗を新宿に出店するほか、月間売上が2億5000万円を超え、話題となる。2019年3月30日にキャバ嬢を引退。歌舞伎町のキャバクラ「フォーティーファイブ」、キャバ嬢のための情報サイト「maison de beauté」、美容クリニック「Venus Beauty Clinic」のプロデュースのほか、モデル、社長として活躍する。


---


愛沢《あいざわ》えみりの"一生可愛《いっしょうかわい》く、
好《す》きなことして自分《じぶん》らしく楽《たの》しく生《い》きる!"
45のマイルール

2019年11月28日　初版発行

著者／愛沢《あいざわ》えみり
発行者／川金正法
発行／株式会社KADOKAWA
〒102-8177　東京都千代田区富士見2-13-3
電話0570-002-301（ナビダイヤル）
印刷所／凸版印刷株式会社




ISBN 978-4-04-604494-5　C0095